TINA
Superbruixa

Brúixola

Direcció del Projecte Editorial:
Trini Marull

Direcció Editorial:
Isabel Carril

Coordinació Editorial:
Begoña Lozano

Edició:
Cristina González

Preimpressió:
Equip Bruño

Disseny de coberta:
Miguel Ángel Parreño

Traducció:
Marga G. Borràs

Il·lustracions:
Birgit Rieger

Títol original: *Hexe Lilli auf der Ponyinsel*

www.arena-verlag.de
Aquest llibre s'ha negociat a través d'Ute Körner Literary Agent, SL - www.uklitag.com

Maresme, 107-109
08019 Barcelona
www.brunolibros.es

ISBN: 978-84-9906-856-5
Dipòsit legal: M-26174-2017
Printed in Spain

KNISTER

Tina Superbruixa

a l'illa dels ponis

Brúixola

Al final d'aquest llibre trobaràs
un truc màgicament deliciós
per a tots els amics dels ponis!

Però no siguis
impacient i…
espera a arribar
a la pàgina 112!

Aquesta és la Tina, la superbruixa protagonista de la nostra història.

Té més o menys la teva edat i sembla una nena normal i corrent. Bé, en realitat ho és..., però no del tot.

I és que la Tina té una cosa ben especial: un llibre de màgia!

Un bon dia, la Tina es va trobar aquest llibre al costat del llit.

Era el llibre d'encanteris de l'eixelebrada bruixa Baduixa, que en principi, a manera de prova, volia passar-lo a una bruixa més jove.

La Tina va comprendre de seguida que aquell llibre contenia

encanteris de debò i uns trucs
de bruixa d'allò més esbojarrats.
Ja n'ha provat uns quants.

Però, compte...!

Val més que no provis d'imitar
els conjurs de la Tina,
perquè...

Si en llegir una paraula
t'equivoques,
el teu raspall de dents
esdevindrà escombra;
la professora, un monstre
abominable;
i el gelat que et menges,
un cogombret
en vinagre.

Bé, doncs..., a continuació,
capbussa't en el plaer
de la **superlectura**
amb les aventures
de la Tina Superbruixa!

Capítol 1

Que ve amb una sorpresa

Des de fa un parell de dies, la senyora Tafaneres, la veïna del principal, té un gosset que es diu Rudi.

La Tina i el seu germà petit, en Pitus, estan entusiasmats amb el cadell.

—Tina, t'has fixat que en Rudi encara no sap caminar bé? —fa en Pitus molt animat—. És tan bonic! I és tan tovet!

—Sí —diu la Tina—. I el nasset negre i els ulls tan grossos... t'enamoren!

Més tard, la Tina se n'ha anat a classe d'equitació i en Pitus **s'avorreix**. Per això decideix tornar a visitar el petit Rudi i fer-li unes moixaines.

Està a punt d'obrir la porta del carrer sense fer soroll, quan la mare l'enxampa i li diu:

—Avui ja has donat prou la **tabarra** a la senyora Tafaneres.

—Volia demanar-li si em deixa en Rudi. Tinc moltes ganes d'ensenyar-li la meva habitació i jugar amb ell! —suplica en Pitus.

—No, Pitus, no pot ser —diu la mare molt segura—. Casa nostra no és adequada per a un gos. A més, tu ets **massa petit** per tenir cura d'un cadell.

Decebut, en Pitus se'n va corrents a la seva habitació tot remugant:

—No puc fer res del que vull perquè soc massa petit. Quin rotllo!

Molt empipat, tanca la porta darrere seu i s'estira a sobre del llit.

Està mig adormit quan la mare pica a la porta i pregunta:

—Pitus, vols venir amb mi? He de baixar a comprar una cosa.

—No en tinc ganes! —crida en Pitus amb tossuderia.

—Podríem portar alguna **llaminadura** per a en Rudi —proposa la mare.

—No tens ni idea de gossos, mama! —crida el nen—. La senyora Tafaneres no vol que en Rudi piqui entre hores perquè s'ha d'acostumar a un horari de menjades.

En Pitus mou el cap. La mare diu que ell és massa petit per tenir cura d'un gos, però ella no en sap.

—Ah, d'acord —fa la mare—. I si busquem alguna llaminadura per a tu, vindràs amb mi?

En Pitus està a punt de cridar «Sí!», però recorda que està empipat.

—**No en tinc ganes** —rondina, però espera que la mare li porti alguna cosa malgrat tot...

—Molt bé, doncs me'n vaig tota sola —diu la mare—. Aniré de pressa. A més, la Tina no trigarà a tornar i estarà per tu.

No facis cap **bestiesa**, em sents? —i dit això, se'n va.

En Pitus es queda tot sol a casa. No hi està acostumat, i li fa angúnia.

Potser hauria hagut d'acompanyar la mare.

Pocs minuts més tard, sona el timbre de la porta.

Ostres!

En Pitus sap perfectament que no ha d'obrir la porta a ningú si està tot sol a casa. Però i si és la Tina que s'ha deixat la clau?

Amb compte de no fer soroll, en Pitus s'acosta a la porta i passa la cadena per poder obrir una escletxa i mirar qui és.

Llavors, amb un lladruc amistós, en Rudi **s'escola** pel forat i salta cap a ell.

—Rudi! —crida en Pitus, molt **animat**.

—No hi és la teva mare? —pregunta la senyora Tafaneres per l'escletxa de la porta.

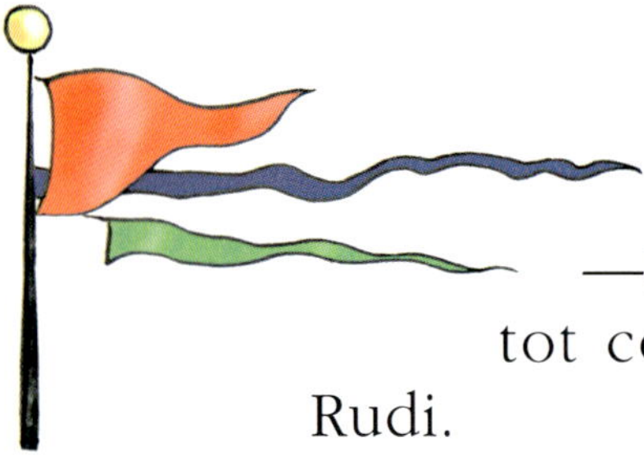

—Estic tot sol —diu en Pitus tot cofoi, i acaricia el pèl d'en Rudi.

El gosset s'estira de seguida d'esquena perquè el noiet també li acaroni la panxa.

—He d'anar al dentista i volia demanar-vos si us puc deixar en Rudi —explica la veïna—. Però si la teva mare no hi és...

—**No passa res!** Jo **entenc** de gossos molt més que la mare. De debò! —assegura en Pitus **de tot cor**.

La senyora Tafaneres mou el cap, dubtosa.

Però en veure que en Pitus i en Rudi es duen tan bé, es decideix:

—D'acord. No puc endur-me'l a cal **dentista**. A més, no trigaré gaire.

I els diu adeu.

Primer, en Pitus s'emporta el gosset a la seva habitació. Li ensenya el seu gratacel fet de Lego i la seva col·lecció de pedres brillants.

Però en Rudi s'interessa sobretot per la motxilla d'en Pitus que hi ha a terra. Perquè hi nota **l'oloreta** de mig entrepà d'embotit.

—No! —diu en Pitus, sever—. Això no és per a tu! Ara no és hora de menjar!

El nen treu corrents la carmanyola de la motxilla i la porta a la cuina. És clar, en Rudi el segueix remenant la cua.

Però mentre passen per la sala... patapam! En Rudi deixa anar una **cagarada** a sobre del parquet.

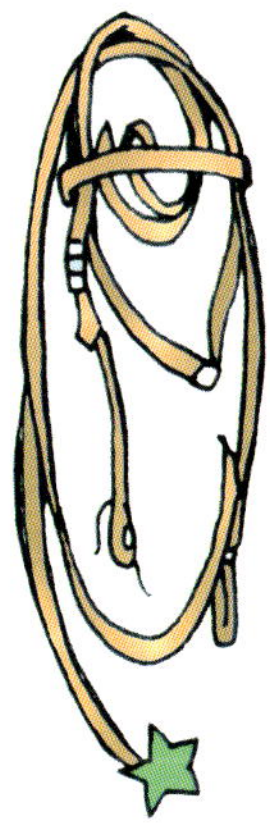

—Escolta, això no es fa! —crida en Pitus, esverat.

En Rudi fa saltirons al voltant del nen, com si res. Al gosset tant se li'n dona que ara la sala faci pudor.

—Quin **fàstic**! Com ho trec, això? —gemega en Pitus, sense saber què fer.

Abans que pugui resoldre el problema, el nen sent que algú entra per la porta del carrer.

Oh, no! Ja és aquí la mare? No li farà cap gràcia veure la porqueria que ha fet en Rudi.

—Hola! Ja soc aquí!

No és la mare. És la Tina!

En Pitus respira alleujat.

—Estàs tot sol a ca...? —pregunta la Tina, quan en Rudi salta cap a ella lladrant alegrement.

—No del tot —respon en Pitus, i somriu.

—Fantàstic! —fa la Tina, i de seguida es posa de genolls per acariciar en Rudi darrere de les orelles—. On és la mare?

—Ha baixat a comprar. La senyora Tafaneres és a cal dentista i jo tinc cura d'en Rudi —explica en Pitus, tot cofoi.

—**Què és aquesta pudor?** —pregunta la Tina arrufant el nas.

En Pitus assenyala la caca del gos.

—Ho ha fet sense voler —diu el nen, mirant de disculpar el seu amiguet.

—Sembla mentida, un gos tan petit i una pudor tan grossa —diu la Tina amb cara de fàstic.

—Com ho traurem abans que vingui la mare? —pregunta en Pitus, atabalat.

—**No t'amoïnis** —el tranquil·litza la Tina.

Al parc ha vist com els amos dels gossos cullen les caques de les seves estimades mascotes, així que agafa una bossa de plàstic i recull la caqueta d'en Rudi com una professional. Després treu uns productes de neteja de l'armari i neteja el terra.

Tot seguit entafora la **BOMBA FÈTIDA** al fons del cubell de les escombraries, respira fondo i diu:

—Pitus, la veritat és que ets massa petit per tenir cura d'un gos.

En Pitus es posa de molt **mal humor**.

—Massa petit, massa petit, massa petit —remuga. Però està molt content perquè la seva germana l'ha ajudat.

La Tina torna a la sala, obre la finestra perquè es ventili i diu:

—Solucionat. La mare no se n'adonarà.

Llavors en Pitus s'asseu amb en Rudi sobre un còmode llit de coixins de sofà i mantes. Sent que s'ha tret un pes de sobre, i diu de tot cor:

—*Gràcies!* M'has salvat, Tina!

—**De res**, marrec! —somriu la germana, divertida.

Just llavors sona el timbre de la porta. La senyora Tafaneres ja ha tornat i ve a buscar en Rudi.

—M'he confós. La cita amb el dentista és demà. Però moltes gràcies per haver cuidat en *Rudi*.

Capítol 2

Que porta notícies del club de ponis

L'endemà a la tarda, la Tina torna al **club de ponis** amb la seva amiga Mònica.

La Tina no munta tan bé com la Mònica, però fa bons progressos. En Simó, el professor d'equitació, li ha promès que aviat podrà sortir a fer un passeig. La Tina en té unes **ganes boges**! Però fins aleshores, només pot muntar a la pista.

Però avui en Simó no ha vingut i és el seu pare qui s'encarrega de la classe. La Mònica i la Tina no estan gaire contentes, perquè el senyor Sever és com el seu nom: sever. I d'allò **més estricte**. És un gran genet de doma clàssica, però fa molt de temps que no fa classe.

Ara, vestit amb un elegant conjunt de genet al llom del seu bonic cavall, **sorprèn** a tots dient:

—Nois, avui passejarem a camp obert. Espero que us concentreu a fer-ho bé!

Tots criden animadíssims.

Però l'entusiasme de la Tina dura poc.

Quan estava a punt de fer un toca-la amb la Mònica, el senyor Sever la crida a part:

—Tina, encara és aviat perquè surtis a passejar. És el primer curs que vens. Et quedaràs a practicar a dintre del club.

Decebuda, la Tina acota el cap i diu:

—Però en Simó m'ha dit que podia...

—No —la interromp el professor—. **Paciència!** Segur que el curs que ve estaràs preparada.

La Tina no s'ho pot creure. Què és aquesta **bestiesa**? És l'única que s'ha de quedar mirant com els altres ensellen els ponis i poc després surten del club al trot.

La Tina resta sola a la quadra.

Sola?

No del tot!

Hi ha algú més a la quadra, amb el cap cot.

És en *Tofi*, un poltre de Shetland que viu al club des de fa uns pocs mesos.

Aquell marrec de pèl castany i blanc és més petit que els altres ponis del club, però té les potes robustes i una crinera salvatge que li cau davant els ulls.

Està molt solet al seu box i sembla molt trist.

La Tina s'hi acosta i li dona uns copets al coll.

—Vaja, també t'han deixat tot sol? Què et sembla si tu i jo anem a fer una volteta pel club?

En Tofi ha fet que sí amb el cap?

La Tina n'està segura.

Aleshores li posa la brida i agafa una sella de muntar.

Però quan la hi vol posar, en Tofi renilla disgustat.

Es **nega** totalment a portar aquella cosa tan feixuga.

La Tina ho entén de seguida:

—No t'agrada la sella. Ets un poni molt petit, potser et podré muntar a pèl.

Per tranquil·litzar el cavallet, l'acaricia al cap.

I sense la sella, en Tofi es deixa conduir fora de la quadra.

El petit **pelut** és tan baixet, que la Tina pot muntar-lo sense estrep. Un cop damunt, riu d'**alegria** i en Tofi es mou a poc a poc.

Avança al pas. La Tina el dirigeix fent pressió amb les cuixes i estirant suaument les regnes. Això ho té ben après.

—Ho fem **de primera**, oi? —riu la Tina, animada.

Però el poni s'avorreix de fer voltes al pati. Olora i s'ensuma una **aventura**.

I abans que la Tina sàpiga què passa, amb la divertida crinera al vent, en Tofi trota amb la Tina cap a la porta del club d'equitació i va en direcció al clos.

Al principi la Tina s'espanta una mica i intenta aturar el poni.

Però en Tofi continua trotant com si res.

Amb els cabells onejant al vent, la Tina nota l'olor penetrant del cavallet i el seu cos avançant amb energia.

Quina sensació tan meravellosa!

La porta del clos és oberta i en Tofi la creua passant del trot al **galop**... i surten a **camp obert**, travessant la praderia.

La Tina agafa bé les regnes i adopta la postura correcta.

Crida de felicitat:

—**Visca!**

Cavalcar enmig de la natura és mil vegades més divertit que muntar al pati del club, pensa la Tina.

Però... **òndia!** Al lluny es veu una carretera.

La Tina estira les regnes per aturar el poni.

Impossible. En Tofi està imparable.

—Grrr! Xoooo! Atura't! —crida la Tina desesperada, i estira les regnes amb tota la força. Però el poni continua la seva carrera.

La tanca de la carretera ja és molt a prop. La Tina intenta veure si hi passen cotxes, però va tan de pressa que no ho aconsegueix. S'acosta a la carretera cada cop més ràpid.

La tanca! Serà capaç de saltar-la, en Tofi?

Li xiulen les orelles i tot al voltant seu fa tantes voltes que ha de tancar els ulls.

El salt dura més del que s'esperava. Per què? Si la quadra era tan a prop que la podia veure! On ha anat a parar? Ajuda!

XAC! La Tina aterra i obre els ulls.

Encara munta en Tofi, però ara el poni es troba en un **paisatge** totalment **desconegut**.

La praderia que l'envolta és molt **més verda**, també hi ha alguns penyals i, a la llunyania, el mar.

Tots dos estan completament sols en plena natura. Només hi ha un enorme ramat de bens que pastura tranquil·lament una mica més enllà. La Tina sent un vent tallant bufant-li a la cara. Tremolant de fred, pensa:

«Alguna cosa **no ha anat bé**».

On els ha portat el «Salt de la bruixa»?

És clar! La Tina s'agafava fort a la crinera d'en Tofi, per això el salt els ha transportat al lloc d'origen del poni: les escoceses **illes Shetland**, enmig de l'Atlàntic, vora el mar del Nord!

Perquè en Tofi és un poni de Shetland clàssic, d'orelles petites, de crinera esplèndida i potes robustes. Un shetlandès de debò.

La Tina no n'està segura, però les illes Shetland deuen tenir la pinta del paisatge que l'envolta: ni selves ni muntanyes altes, sinó **praderies verdes** i turons ondulants. I no estan envoltades per un mar blau turquesa, sinó per un oceà gris i salvatge.

Un **paisatge aspre** on es troben molt a gust els ponis cepats.

La Tina abraça el coll d'en Tofi i s'arrauleix contra la crinera calenteta.

—Aquí t'hi trobes bé, eh? —xiuxiueja a l'orella d'en Tofi.

I què fa, en Tofi? Aixeca el morro i ensuma **l'aire del seu país**.

La Tina mira al voltant amb **curiositat**.

No veu ni una ànima.

Oh, no!

La Tina sent un calfred: s'ha adonat que no ha agafat el **ratolí de pelfa!**

Sempre porta el ratolí a sobre en les seves aventures, el necessita per tornar a casa amb el «Salt de la bruixa». El ratolí de pelfa és una mena de **bitllet de tornada**.

I ara, com s'ho farà?

La Tina rumia.

La crinera d'en Tofi l'ha portat fins aquí, que és l'origen del poni. I com que les regnes són del **club de ponis**, aleshores...

—Perfecte! —diu alleujada a en Tofi, i agafa les regnes ben fort—. La brida ens permetrà tornar!

Ara ja pot començar l'aventura:

—Au, Tofi, explorem l'illa! Potser trobarem la quadra on vas néixer!

En Tofi es posa en moviment. És evident que sap ben bé cap a on ha d'anar. Trota alegrement camp a través.

Aviat, la Tina veu una casa al peu d'uns turons. Mira fixament i distingeix una figura que ve cap a ells.

Amb la crinera onejant al vent, en Tofi ensuma l'aire.

Està inquiet.

Nota algun perill?

Però en Tofi es posa a córrer cap a la figura.

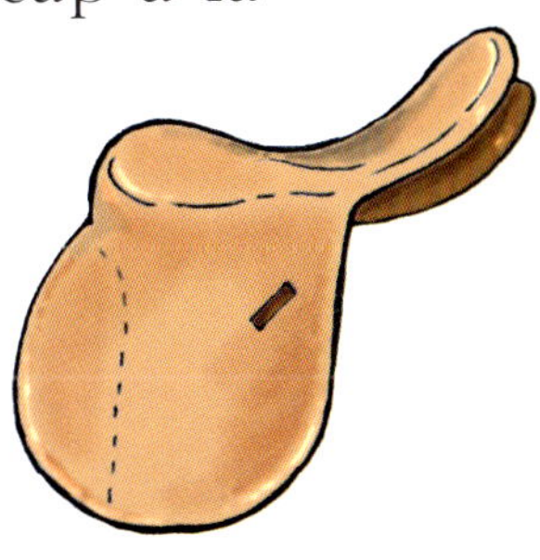

La figura resulta ser una **nena** de l'edat de la Tina que es posa a cridar d'alegria i abraça el coll d'en Tofi.

No para de fer-li petons i moixaines, fins que s'adona de la Tina.

—D'on veniu? I **on són els altres ponis**? —pregunta.

La Tina no sap de què parla.

—Hola, em dic Tina —es presenta abans de baixar del llom del poni—. I tu, qui ets? I com és que coneixes en Tofi?

—Em dic Tarna, i conec aquest marrec des que va néixer —explica la nena—. El meu avi cria cavalls. Aquest poni era un dels seus animals, fins que... —la Tarna s'empassa saliva—. El meu avi es va posar molt malalt, no podia cuidar els ponis i jo era massa petita per fer-ho. Va haver de vendre tot **el ramat**. Un home els va comprar tots. Era un tipus groller i antipàtic. Sense dir ni piu, va **llançar** damunt la taula el sobre amb els diners, va ficar els ponis en un camió i va tocar el dos. Va ser un dia molt trist per a nosaltres.

La Tina ha de reconèixer que no sap on són els altres ponis del ramat.

—Aquest és **l'únic** poni de Shetland de la nostra quadra —explica a la Tarna—. En Simó, el professor d'equitació, el va portar fa un parell de mesos. Tenia una pinta *penosa*: molt prim i descuidat. En Simó el va fer posar bo amb molt d'amor. I el va anomenar Tofi. Ara en Tofi està sa, però no es deixa posar la sella de muntar.

—Sí, té molt bon aspecte —diu la Tarna, acariciant el coll d'en Tofi. Llavors proposa—: Vens amb mi? El meu avi es posarà molt content de veure en Tofi tan **sa i alegre**.

En efecte, l'avi s'endú una gran alegria en reconèixer el poni que ell havia criat.

Examina l'animal detingudament i saluda la Tina amb simpatia:

—Quina sorpresa! No em pensava que tornaria a veure aquest marrec. A més, no es troba cada dia un animal clapat, amb aquests *mitjons* blancs i la crinera de dos colors. Però, digues, qui ets i d'on veniu tots dos?

—Em dic Tina. En Tofi i jo venim d'un club de ponis de... hum... molt lluny d'aquí —respon la Tina, sense més explicacions—. En realitat, només volíem fer un passeig curt, però ens hem perdut —i diu per canviar de tema—: La Tarna m'ha explicat que vostè va haver de vendre tots els ponis. Que **trist**!

—Sí, gairebé em va trencar el cor —va sospirar l'avi—. Però estava molt malalt i no sabia si me'n sortiria. Ara ja estic curat i em trobo millor que mai... però ja no tinc els cavalls. I els trobo a faltar —diu acariciant el pèl brillant d'en Tofi, i afegeix satisfet—: Aquest poni està

No, massa perillós! I si ve algun cotxe? A més, la tanca és molt alta… I la Tina no ha saltat mai…

Però en Tofi **no s'atura**.

I ara, què farà la Tina?

Podria salvar-la la màgia?

És clar! El **«Salt de la bruixa»** pot portar-los al lloc d'origen, és a dir, a la quadra.

La Tina mormola corrents les paraules del conjur que l'han salvat tantes vegades. S'abraça amb força a la crinera d'en Tofi i…

realment esplèndid. Com van els altres? Tenen tan bon aspecte com ell?

La cara de l'avi s'entristeix en sentir que la Tina no sap on paren els altres ponis.

—El comprador era un individu estrany —recorda l'home—. Volia tots els animals tant sí com no, i havia de ser **de seguida.** Jo estava massa malalt per poder esbrinar què pretenia. M'alegro que almenys aquest marrec estigui tan bé.

L'avi acaricia amb **tendresa** el morro d'en Tofi i diu a la Tina:

—El nostre Tofi et deu estimar molt si et permet muntar-lo **sense sella**. Sempre cavalques a pèl?

—No! —riu la Tina—. És que en Tofi no es deixa posar la sella. Per això el munto sense.

—Ah, és que encara no s'hi ha acostumat —explica l'avi—. A alguns cavalls els costa, i a uns altres no. Aquest marrec ho posa difícil, eh? —riu.

Impacient, la Tarna intervé:

—Jo també m'alegro que aquest trapella estigui bé, però necessito saber què ha passat amb els altres ponis.

La Tina ho entén perfectament i voldria ajudar-la.

Per què, si no, és una bruixa secreta?

Rumia, i aviat té una idea.

—M'ensenyes les vostres quadres? —demana a la Tarna amistosament.

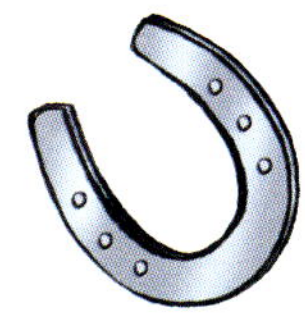

—Per què? Ja no hi ha cap cavall allí dintre —respon la Tarna, sorpresa.

—Per veure-les —contesta la Tina.

Dona les regnes d'en Tofi a l'avi, i va amb la Tarna a l'estable que hi ha darrere de la casa.

Un cop a l'estable, la Tina mira **atentament** al voltant.

—Raspallàveu els ponis amb això? —pregunta, i agafa un estríjol, un raspall de ferro per netejar el pèl dels cavalls.

—Sí —respon la Tarna—. L'avi no el va netejar bé després d'emprar-lo per última vegada. És ple de pèls dels ponis.

Serà **perfecte** per fer el «Salt de la bruixa»!

Perquè la Tina **pensa** anar on són els ponis del ramat d'en Tofi.

Llavors agafa d'amagat uns quants pèls de l'estríjol i se'ls fica a la butxaca dels pantalons.

I ara no pot perdre ni un segon!

—Me'n vaig a buscar els ponis, tornaré de seguida —anuncia ràpidament i surt de l'estable com un **remolí**.

Abans que la Tarna, **sorpresa**, pugui reaccionar, la Tina ja ha arribat a l'entrada de la granja. Agafa d'una revolada la clau de la tanca... Serà el seu **bitllet de tornada**.

Aleshores estreny ben fort els pèls de poni contra el seu pit i...

Capítol 3

Que és molt mogut

Ben aviat la Tina torna a sentir que toca de peus a terra. O sigui, que el «Salt de la bruixa» no l'ha portat gaire lluny.

Mira al voltant, sorpresa.

On ha anat a parar?

Es troba enmig d'una multitud. **Pertot arreu** gent, gent, gent.

La Tina es posa de puntetes per tenir més camp de visió.

Veu una sínia, parades de fira, una muntanya russa i moltes atraccions més. Li arriba la **flaire** de cotó de sucre, garapinyades i salsitxes de Frankfurt.

Hi ha una mescla ensordidora de **música**, veus i tota mena de sorolls: xiulets, grinyols, crits, riures...

La Tina es troba al mig d'un gran parc d'atraccions!

Què vol dir, això? Per què ha aterrat **precisament** aquí?

La Tina es gira i troba la resposta davant dels nassos.

Des d'una **atracció** ve una olor que li encanta i que no esperava trobar aquí: l'**olor** de cavalls, com la del club de ponis.

La Tina s'hi acosta i veu un grup de cavallets que caminen en cercle. Són els ponis de la Tarna i el seu avi! L'olor dels animals es barreja amb l'inconfusible de les serradures que hi ha escampades per terra.

Vuit **ponis de Shetland** molt bonics, amb les crineres onejant, fan voltes i més voltes. Tots tenen el pèl **diferent**: n'hi ha un de negre, un de blanc i un de tord, i els altres tenen diversos tons de marró molt bonics.

Els ponis els cavalquen uns nens que saluden **alegrement** els seus pares, que els esperen dempeus. Uns altres nens esperen impacients que els toqui el torn de muntar els cavallets, unes poques voltes després.

La Tina està tan embadalida que fa un bot quan sent una veu ronca que crida per l'altaveu:

—A cavall, a cavall, a cavalllllll! Qui vol repetir? Molta diversió per pocs diners! Fantàstic! Anar amb poni és una meravella! No us ho perdeu! Ara comença una altra volta! A cavall, a cavall a cavalllllll!

Aquell bram desagradable retorna la Tina a la realitat.

Ara s'hi fixa més i veu que els ponis estan lligats massa junts: cadascun té el morro tocant la cua del que té al davant, i no poden mirar als costats. Tenen el pèl aspre, els ulls tristos i la crinera descuidada.

Només descansen uns pocs segons, mentre la següent tanda de nens puja a les selles. Llavors els ponis han de tornar a fer voltes i més voltes i més voltes.

Aleshores la Tina ho entén: aquesta imatge tan **bonica** dels nens somrient sobre els cavallets és una tortura per als animals. Li fan pena, els ponis.

—Caminar en cercle sense parar! No pot ser! **Atureu-los!** —crida a tota veu.

Però per molt que brami, ningú no la sent perquè a la fira hi ha un soroll ensordidor.

Els nens que cavalquen els ponis criden molt contents «Visca!» i «Arri!», i els seus pares riuen. La música estrident de l'atracció ofega tots els sons.

—ATUREU-HO! Ara mateix! —crida la Tina encara més fort.

Però tot continua igual: els ponis s'aturen un moment i tornen a posar-se en marxa mentre sona la música estrident i la veu cridanera de l'altaveu:

—A cavall, a cavall, a cavall! Que no pari l'alegria! Diversió de primera per a tothom!

La Tina està indignada.

—Això és **diversió de primera** per a tothom? —crida a l'home de l'altaveu—. No ho és pas per als ponis!

Altre cop, no l'escolten.

Ningú no sembla interessat per la situació dels ponis de l'atracció.

La Tina està cada cop més empipada.

Allò és una **tortura** i la gent se n'ha d'adonar! Ningú no sent **compassió** per aquells pobres animals?

La Tina no ho pot entendre.

I no pensa permetre-ho!

Els ponis necessiten urgentment fer una pausa per recuperar les forces.

La Tina corre a la caseta de la taquilla.

—Els animals necessiten descansar una estona. Ara mateix! —diu a l'home gras de la taquilla.

—Descansar? Ara? No em facis riure, nena. Jo tampoc no descanso. La fira és plena de gent i fem negoci. La pela és la pela!

—Però els animals estan lligats massa junts, gairebé no poden moure's! —critica la Tina.

—Mentre puguin caminar, tot va bé! —riu l'home amb malícia—. A més, a tu què t'importa?

»No són pas teus, els animals, oi? Fuig d'aquí! O paga i puja a fer una volta —i torna a cridar per l'altaveu—: Vinga, vinga, vinga! A cavall, a cavall, a cavallllllll! Divertiu-vos! És engrescador! Tothom a cavalcar! Només aquí, la millor atracció amb ponis! Molta diversió per pocs diners! A cavall, a cavall, a cavallllll!

La Tina es gira. Sumida en els seus pensaments, acarona un poni marró de pèl aspre quan comença una pausa de relleu. Si la Tarna i el seu avi ho sabessin! Segur que els faria molta pena veure com maltracten els seus animals.

Aquests ponis estan acostumats a les amples praderies, l'aire fresc i els xiscles de les gavines.

La fira és un **horror** per a ells!

Algú l'arrenca dels seus pensaments amb rudesa.

—Encara ets aquí? —la renya l'home de la taquilla—. No m'has sentit, o què? O pagues o toques el dos! Aquí només fas nosa.

—Tens raó, noia —fa una senyora. I es gira cap a l'home de la taquilla, amb el puny enlaire—: Això és **maltractament animal**, i tant!

—Prou! Fora! —intervé un home amb un barret de *cowboy,* que evidentment és qui mana—. Ja hi som, els defensors dels animals! **Toqueu el dos!** Aquí feu nosa. La gent vol passar-ho bé i no permetré que m'espatlleu el negoci.

I les empeny de mala manera a totes dues per apartar-les de l'atracció.

La Tina protesta i la senyora **amenaça** el *cowboy* amb la bossa de mà.

Però l'individu no els fa cas.

La Tina bufa indignada. Però se sent impotent.

Impotent? No. Ella no!

Sap que aquí no li serveix el «Salt de la bruixa», però pensa i...

L'únic encanteri del seu llibre de màgia que recorda ara mateix té a veure amb el cul dels pantalons.

Pot ser-li útil ara?

S'ha de provar!

La Tina mormola les difícils paraules i...

L'home ha caigut de cul enmig d'una muntanya de **caca** de cavall.

El barret de *cowboy* li ha volat del cap.

«Ell s'ho ha buscat», pensa la Tina, i riu.

Però l'home es posa dret en un tres i no res, i a empentes torna a fer fora de l'atracció la Tina i la senyora.

La dona ensopega, però allò no atura aquell bèstia. Aleshores, la Tina s'afanya a pronunciar de nou les paraules de l'encanteri dels pantalons.

Apa!

S'ha passat en alguna cosa, perquè ara han caigut de cul a terra també altres persones. Alguns s'ho prenen amb humor i riuen, però uns altres s'empipen. Aprofitant el desori, la senyora s'aixeca i desapareix ràpidament darrere d'una parada de salsitxes de Frankfurt.

La Tina també pot escapar de l'home de l'atracció dels ponis i s'amaga darrere del tren fantasma.

Ara ha d'idear la **millor** manera d'alliberar els ponis.

Pensa… Si almenys tingués el seu llibre d'encanteris! Però està ben amagat a sota del llit, i no pot anar a buscar-lo perquè (**òndia i més òndia!**) s'ha oblidat el ratolí de pelfa.

És a dir, que el llibre està fora del seu abast.

La Tina se n'haurà de sortir sense **màgia**!

Capítol 4

Que planteja un problema que caldrà resoldre

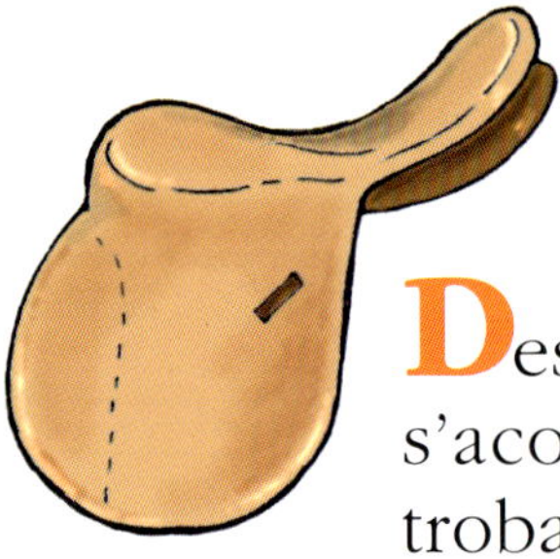

Després de rumiar una estona, la Tina s'acosta a l'atracció dels ponis. Aviat hi troba allò que estava buscant.

—Almenys així els animals podran descansar una mica —mormola.

Dona un cop d'ull ràpid al voltant per comprovar que no la mira ningú i estira l'endoll del cable de l'atracció dels ponis. Només l'afluixa, per fer la impressió que està endollat. Però el contacte elèctric es talla.

De sobte, els altaveus callen i se'n va la llum.

Els cavallets continuen el seu trot mig a les fosques. L'amo va corrents a aturar-los.

—Sense llum no hi ha res a fer! —crida—. Els animals s'han de veure bé si volem que vingui gent.

Segur que també té por que sense la **tabarra** dels altaveus ningú no es fixarà en la seva atracció. Aixeca les mans amb gest tranquil·litzador i diu:

—Calma! Solucionarem de seguida aquest contratemps!

Aleshores dona un parell d'instruccions i l'home de la taquilla corre a inspeccionar el cable.

—Tot està bé, amo! El cable està endollat! —crida.

La Tina aixeca el puny tancat en senyal de victòria i diu fluixet:

—Visca! S'ho han **empassat**!

—Comprova els fusibles —brama el *cowboy* des de l'atracció.

L'home de la taquilla corre cap a la caixa dels fusibles, que és al costat de l'endoll.

—Tot està correcte, amo! —crida.

Mentrestant, els pares han fet desmuntar els seus fills i s'han perdut entre la **gernació**.

Els ponis, tranquils i immòbils, gaudeixen del descans.

Aviat a l'atracció ja no hi ha ningú.

L'amo treu foc pels queixals i es posa a comprovar ell mateix els fusibles.

Després treu l'endoll i el torna a endollar.

Ràpidament torna a bramar la **música** de l'atracció i els llums s'encenen.

L'amo sacseja el pobre home de la taquilla i el renya:

—Cap de suro! He d'estar en tot, jo…

«Llàstima», pensa la Tina, «la cosa no ha acabat de funcionar.»

Però està contenta perquè, si més no, els cavallets han pogut descansar una mica.

Passa una bona estona fins que tots els ponis porten un nen a la sella i els pobres animals han de tornar a fer voltes.

—Això no ha **solucionat** res —gemega la Tina—. Necessito una altra idea!

Lluny del xivarri de la fira, s'asseu al respatller d'un banc i es trenca el cap pensant.

De seguida té una **idea**! «Sí», pensa la Tina, «AIXÒ hauria de funcionar!».

Per posar en marxa el pla, cal esperar que la fira tanqui al vespre. Fins aleshores, pot fer temps voltant per allí...

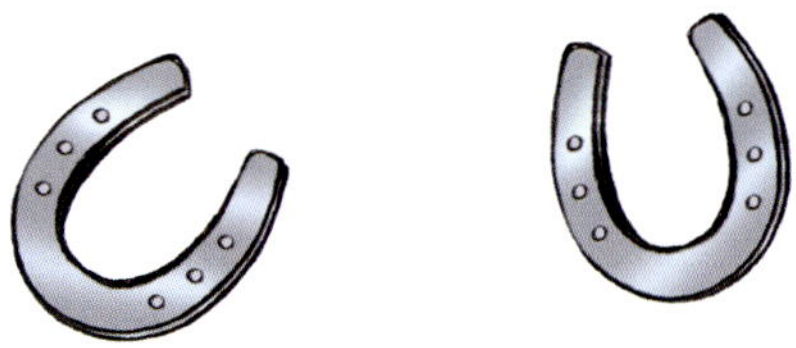

Quan el sol es pon, s'aixeca una brisa suau. L'olor de les salsitxes de Frankfurt i les ametlles garapinyades encara flota en l'aire, però alguns firaires ja tanquen les parades i se'n van a les seves caravanes.

Quan ja no queda ningú a la fira, la Tina s'acosta a l'atracció dels ponis.

De lluny, veu que **l'amo** encara hi treballa.

Està subjectant una lona al voltant de l'atracció mentre l'home de la taquilla deslliga els ponis perquè passin la nit. Porta els animals fins a una gàbia *estreta* que hi ha just on acaba la fira.

La Tina els segueix sense fer soroll.

La gàbia té rodes. És normal, perquè l'atracció dels ponis ha de viatjar de fira en fira, sempre d'una ciutat a una altra. Per això els ponis no tenen el seu prat on pasturar. Cada nit romanen tancats dins aquella presó aclaparadora.

—Pobres animals —diu la Tina, i pensa en el paisatge meravellós que envolta la granja de l'avi de la Tarna.

Almenys ara els cavallets reben per fi aigua fresca i fenc.

Esgotats, els ponis mengen en silenci.

Quan l'amo i l'home de la taquilla deixen sols els animals i es fiquen a les seves caravanes, la Tina s'acosta a la gàbia.

—**No tingueu por** —xiuxiueja als ponis—. He vingut a alliberar-vos.

El petit poni marró esbufega com si l'hagués entès. S'acosta confiat a la reixa i deixa que la nena l'acaricií darrere de les orelles.

—Us portaré a casa... —diu la Tina fluixet, i vol obrir la porta.

Però llavors veu el cadenat enorme.

Òndia!

Amb això no hi comptava.

Com podrà trencar aquell trasto tan gros?

Òndia! Òndia! I més òndia!

La Tina mira si el pot obrir d'alguna manera. Però mentre l'està manipulant, de sobte sent una mà a l'espatlla.

—Ha, altre cop tu! No t'he dit que toquessis el dos?

És l'amo!

—Què hi fas, aquí?

Abans que la Tina pugui fugir, l'home l'agafa pel clatell amb tanta força que li fa mal.

—Ja t'ensenyaré jo a desgraciar-me el negoci! —rugeix barroerament—. Ets gairebé tan tossuda com el poni que tenia fa un parell de mesos. Aquella bèstia no es deixava posar la sella!

Això capta tota l'atenció de la Tina:

—I què li va passar, al poni?

—I tu què n'has de fer? —crida l'home amb rudesa—. Però si t'entestes a saber-ho, el vam vendre. Aquella **porqueria** de poni no podia treballar a la nostra atracció, per bonic que fos. Segur que el **babau** que me'l va comprar n'està ben penedit!

—Era un poni amb la crinera de dos colors? —pregunta la Tina.

—Sí! Era un animal ben bonic. Però, que hi fa? Ja no el tinc, i és millor així —brama l'amo.

—És clar. Sobretot per al poni —diu la Tina.

—Ets una **impertinent**, com tots els defensors dels animals —fa l'home—. El professor d'equitació que em va comprar el poni també ho era. Volia salvar aquell animaló tant sí com no, deia —i riu burleta—: Va pagar un preu considerable per

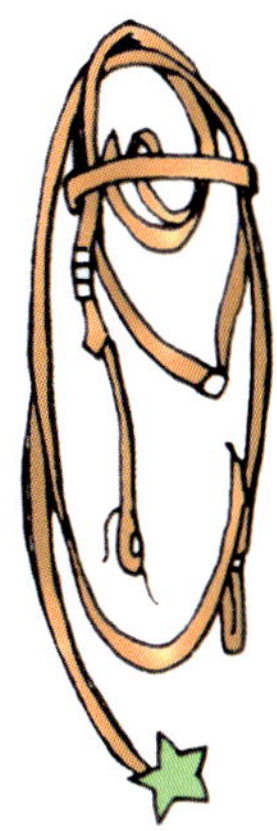

aquella **bèstia** tossuda. Jo hi vaig sortir guanyant. Ha, ha, ha! —riu sorollosament.

La Tina ho entén: en Tofi era un dels ponis de l'atracció.

Per això feia aquella pinta tan trista.

La Tina està empipada de debò.

En Tofi ja està **sa i estalvi**... ara toca alliberar els altres ponis. Es cargola amb força entre les grapes de l'amo per deslliurar-se'n.

—Això mateix, clava coces com aquell tossut! —riu l'home amb **malícia**—. A tu també et domaré!

—Pensa tancar-me en aquesta gàbia diminuta amb els pobres ponis? —pregunta la Tina, esbufegant. I aleshores se li acut una cosa **genial**.

—Bona idea! —brama l'amo—. I, mira, com ells només tindràs aigua i palla!

Treu una clau de la butxaca i obre el cadenat de la gàbia.

La Tina fa veure que es defensa amb **força**. Clava puntades de peu i mossegades.

A l'amo li costa molt fer-la entrar.

En la lluita, la Tina arrenca un botó de la jaqueta de l'home, que es posa fet una fúria. Però per fi ell se'n surt. CLAC! La porta es tanca.

L'**individu** torna a posar el cadenat i fa ballar la clau davant els nassos de la Tina amb gest triomfant:

—Bé, pillastre, ja estàs amb els teus ponis. I t'hi quedaràs fins demà a primera hora. Aleshores veurem què faré amb tu.

El **brètol** comprova altre cop el cadenat per assegurar-se que la Tina no podrà fugir de la gàbia. Després se'n va **directament** a la seva caravana.

La Tina es queda quieta fins que l'home desapareix darrere la porta del vehicle.

Sííí! El pla està en marxa. Ja està amb els ponis i aviat es trobaran sans i estalvis.

Decidit: tots plegats sortiran d'allà amb el «Salt de la bruixa».

L'únic dubte és: com s'ho farà per endur-se'ls tots?

Haurà de tocar tots els ponis mentre diu l'encanteri.

La Tina s'obre pas entre els simpàtics cavallets empenyent-los suaument.

No és fàcil col·locar-los en la posició adequada.

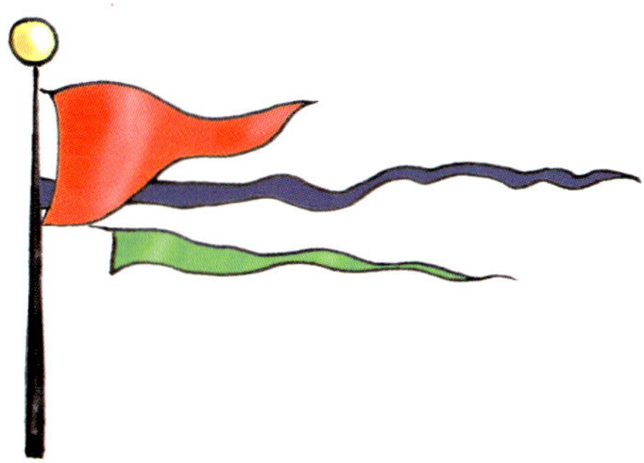

Són petits, però molt **caparruts**. Ara la Tina ho comprova per si mateixa.

Ha de fer tota la **força** per apartar el més petit, i el negre sembla clavat a terra!

Per sort el següent es deixa moure, però el tord d'orelles negres ocupa de seguida el seu lloc.

La Tina es gira i un poni **entremaliat** li dona una empenta amb el morro a l'esquena.

Gairebé la fa caure!

En aquell mateix moment, el marró afectuós que té al davant es frega **tendrament** contra la seva panxa.

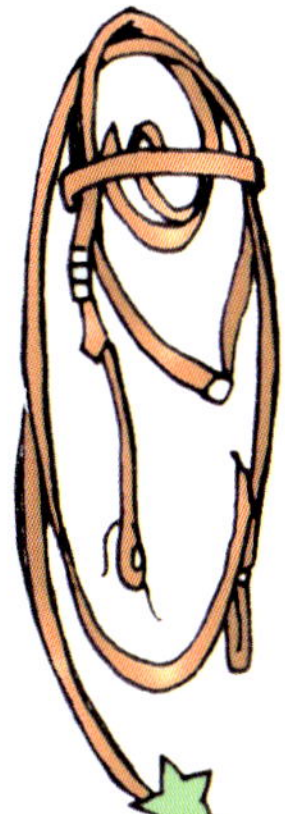

El poni més gros, una **bellesa** daurada amb la crinera blanca, li ensuma els cabells amb curiositat. Fa **pessigolles**!

La Tina riu fluixet.

Llavors es fixa en el poni que té una taca blanca entre els ulls. S'està molt quiet i mira la Tina il·lusionat.

—Ets un **bonàs**, tu —xiuxiueja la Tina, i suaument canvia el cavallet de posició.

La Tina **sua** per l'esforç.

Els animals estan cada cop més encuriosits i nerviosos. Buf! A sobre, un d'ells s'ha ficat a la boca el botó de la jaqueta de l'amo. La Tina l'hi agafa perquè no s'ennuegui i se'l guarda a la butxaca dels pantalons.

Quin **embolic**! S'han descol·locat tots!

La Tina sospira.

Ara no es pot rendir, per
la força de les bruixes
i el suc de maduixes!
Ha de poder fer-ho!

La Tina s'atura i **tranquil·litza** els ponis. Després respira fondo i pensa.

És clar! Agafar-los per la cua. Aquesta és la **solució**!

Col·loca els ponis de manera que tots li donin l'esquena i, un per un, va agafant amb una mà totes les cues.

Després, tot va ràpid **com un llamp.**

Un cop en contacte amb tots els animals, la Tina estreny la clau de la granja de l'avi de la Tarna contra el seu pit i…

Capítol 5

Que porta a la felicitat amb un «Salt de la bruixa»

La Tina aterra amb el **ramat de ponis** just davant de la porta de la granja de l'avi de la Tarna. De seguida compta els ponis que fan rotllana al voltant seu...

El petit marró vol més moixaines i li fa perdre el compte. **Uf!** Hi són tots vuit.

—Ho hem aconseguit! —diu satisfeta i acaricia el poni marró tan insistent—. Ben fet! Sou uns superponis, nois!

Drets sobre l'herba fresca, els ponis es miren la Tina ben sorpresos.

Com poden entendre que acaben de fer el seu primer **«Salt de la bruixa»**?

La Tina fa espetegar la llengua i porta els animals cap a la casa, tranquil·la i plàcida a la llum del crepuscle.

Aleshores sent un renill que ve de l'estable.

Segurament és en Tofi. Deu estar content de tornar a veure els seus amics?

Immediatament la porta de la casa s'obre de cop i la Tarna surt com una fletxa. L'avi la segueix tan de pressa com pot. Tots dos estan sorpresos i criden de l'**emoció**.

La Tarna abraça dos ponis alhora i l'avi, amb llàgrimes de felicitat als ulls, acaricia el pèl de l'egua daurada.

Tots dos estan bojos d'alegria i no paren de fer preguntes a la Tina.

Ella només pot respondre amb evasives.

Què els hauria d'explicar?

Que ha salvat els ponis amb el **«Salt de la bruixa»**? Això no s'ho creuria ningú!

Per sort, l'avi es distreu aviat. S'ha adonat que els animals fan una **pinta penosa**. Tenen el pèl aspre i embullat, i estan molt prims.

La Tina, la Tarna i l'avi porten els ponis a l'estable.

La Tarna els posa fenc, pomes i farratge, i l'avi omple l'abeurador.

En Tofi està boig d'alegria de veure que els seus amics han tornat, i els saluda amb renills i **esbufecs** amistosos.

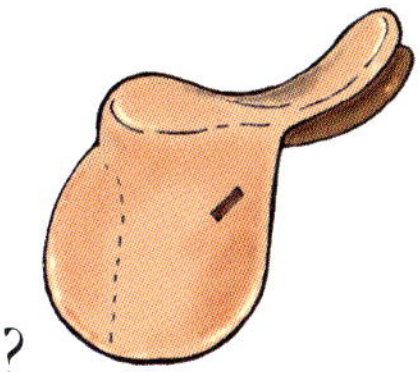

—I ara, parla! On has trobat els ponis? —pregunta finalment la Tarna, quan ja estan tots atesos. És una noia persistent i molt curiosa.

—Treballaven com uns esclaus en una atracció de fira —respon la Tina.

Però la Tarna vol saber-ho amb tots els ets i uts.

La Tina parla detalladament sobre la fira i l'amo de l'atracció.

—Només pensava a fer negoci —fa la Tina exaltada—. Tant se li'n donaven, els animals.

—Doncs a mi sí que m'importen —diu la Tarna i acaricia amb afecte el petit tord—. Sort que ja tornen a ser aquí.

—Jo també m'alegro que estiguin amb vosaltres altre cop —replica la Tina—. Aquí és casa seva!

—I com t'ho has fet per portar-los des de la fira fins aquí? —pregunta l'avi, intrigat.

La Tina sospira. La pregunta del milió havia de caure tard o d'hora, és **clar**...

—Aquella gent te'ls va donar bonament o vas haver de comprar-los? —insisteix l'avi.

—No va ser tan difícil... —explica la Tina, **evasiva**—. Només vaig haver d'esperar que els firaires es fiquessin a les caravanes. Demà a primera hora s'enduran una bona sorpresa quan vegin la gàbia buida.

L'avi mou el cap i diu:

—Per molt que estimis els animals... no has fet ben fet.

—Per què? —**pregunta** la Tina—. Aquella gent tractava malament els animals i me'ls he emportat. Així de fàcil.

—Està bé mirar pel benestar dels animals, però no has fet bé emportant-te'ls —explica l'avi, i li posa una mà a l'espatlla i la mira als ulls—: Això és ROBAR. Encara que aquella gent

no els cuidés com cal, els ponis són seus. Ha d'haver-hi una altra manera d'ajudar els animals.

La Tina resta **pensativa**.

—No ho havia vist des d'aquest punt de vista —reconeix insegura—. Però l'important és que els ponis estan molt millor amb vosaltres. No poden tornar pas a l'atracció, de cap manera!

—Espera —diu l'avi, i tot seguit entra a la casa.

Poc després en surt amb un **sobre**.

—Has de tornar a la fira i donar aquests diners a aquella gent —posa el sobre a les mans de la Tina i li explica—: És molt important que l'amo de l'atracció els rebi. No vull enriquir-me amb els diners d'un individu com aquell.

La Tina s'empassa la saliva.

No li fa gens de gràcia tornar a veure l'amo de l'atracció i l'home de la taquilla. Però no pot fer altra cosa. Ha de **rematar** aquest assumpte. Només així els ponis estaran sans i estalvis de debò.

La Tina mira el seu rellotge de polsera i diu:

—Doncs me n'he d'anar ara mateix.

—Després tornaràs? —pregunta la Tarna.

—Em sap greu —respon la Tina—. Hauré de tornar directament al lloc d'on hem vingut en Tofi i jo.

Acaricia la crinera d'en *Tofi* i el poni repenja el cap a la seva panxa.

Aleshores la Tina s'adona que en Tofi és **més bonic encara** del que recordava.

Es mira l'avi sorpresa.

—Sí, noia! Té el pèl més bonic —diu l'avi, i treu de la butxaca l'estríjol, aquell estrany raspall de ferro que havia vist abans—. Has d'emprar sovint un **estríjol**

metàl·lic rodó. Has de rascar amb moviments llargs i mai a contrapèl, perquè si no li faries mal. Ho veus? Així —i li ho mostra—. Amb les espirals metàl·liques es treballa també la capa de pèl de sota. Això és molt important a la primavera, quan li cau el pèl de l'hivern —l'avi ensenya l'estríjol a la Tina perquè el vegi bé—. No l'empris mai per a les potes ni el cap! Per a això faig servir un raspall no tan dur. Així també tindrà aquesta brillantor tan bonica.

La Tina es grava a la memòria els consells de l'avi i s'acomiada amb un nus a la gola.

Està a punt d'anar-se'n quan la Tarna l'abraça.

—Espera —diu la nena, i agafa una sella de muntar—. Et farà falta. L'avi ha acostumat en Tofi a dur sella.

—Gràcies! —respon la Tina emocionada—. És bo saber-ho, però queda't la sella. No podria explicar d'on l'he treta.

—D'acord, si creus que és millor així —diu l'avi, comprensiu—. Però en el futur empra la sella, sisplau. És bo per a tu i per al cavall.

—Us ho agraeixo molt, estimats amics de les illes Shetland —diu la Tina, i munta en Tofi amb els diners a la mà i se'n va cavalcant.

Passat el primer revolt del camí, s'atura. Mira per darrera vegada aquell paisatge tan bonic.

El vent frega l'herba verda que estimen tant els cavalls i els bens. Com mel daurada, la llum del crepuscle s'escampa sobre els turons.

Aquella claror submergeix les illes Shetland en un ambient màgic.

A la Tina li fa molta pena haver de marxar!

—Hem de tornar sens falta —diu la Tina a en Tofi i li dona un copet afectuós al coll—. Així tornaràs a trobar

els teus amics i veuràs que estan de primera.

La Tina treu de la butxaca el botó de la jaqueta de l'amo de l'atracció i l'estreny fort contra el seu pit.

Aviat ella i en Tofi tornen a ser a la fira, a dintre de la **gàbia**.

La porta és oberta. Això vol dir que l'amo ha descobert que els ponis i la **presonera** han fugit. Segur que s'ha trencat el cap esbrinant com han pogut sortir amb la porta tancada.

Amb els diners de l'avi preparats, la Tina cavalca fins a la porta de la caravana i hi truca.

La porta s'obre. Abans que l'amo pugui obrir la boca, la Tina li posa el sobre a la mà i li diu:

—Li torno els diners que va pagar pels ponis. Ara estem en **pau**. Compri's una altra atracció, però sense ponis!

S'estreny les regnes d'en Tofi contra el pit i...

La Tina ja està al box d'en Tofi, al club de ponis.

Aquí també s'ha fet de nit i els altres ponis s'estan als seus llocs.

Fa estona que els nois han tornat del **passeig**.

Aleshores el senyor Sever treu el nas per la quadra.

Potser ha sentit alguna cosa. En veure la Tina, se la mira sorprès:

—D'on sortiu **de sobte**, vosaltres dos? —crida—. Et feia a casa teva fa estona! Quan tothom se n'ha anat he vist que en Tofi no hi era. On dimonis t'has ficat amb ell?

—Hem anat a fer un volt pel **clos**, i he acostumat en Tofi a portar la sella —es vanta la Tina com si res—. He penjat la sella aquí, miri.

El professor d'equitació resta **bocabadat** i pregunta incrèdul:

—TU l'has acostumat a la sella? I en Tofi t'ha obeït?

Com si fos **un sí**, en Tofi frega el cap contra el braç de la Tina.

Ella li acaricia el pèl tan suau i respon somrient:

—**Oi tant!** En Tofi és un poni de primera! Ens entenem molt bé, ell i jo. Ja ho demostraré al proper passeig a camp obert amb en Simó! —i pica l'ullet amb **picardia** i diu—: Vostè també podrà venir, si vol.

Al senyor Sever se li escapa una rialla.

De sobte, la Tina veu el gran rellotge al costat de la porta de la quadra.

«Si que és tard!», pensa **espantada**.

S'acomiada ràpidament, agafa la bicicleta i marxa de pressa.

—Corre, maquineta! —crida la Tina contentíssima i pedaleja amb força.

Un cop a casa, guarda la bici al cobert i puja els esglaons de dos en dos a correcuita. Obre la porta sense fer soroll, esperant que no la renyin per haver arribat tan tard.

Però, que estrany, a casa hi ha un silenci absolut.

—Que no hi ha ningú?

Just llavors, la mare i en Pitus entren per la porta de molt bon humor.

—Tina! Tina! —la crida en Pitus, accelerat—. Endevina el que ha passat avui!

—Ni idea —respon la Tina, desconcertada.

—He salvat en Rudi —explica en Pitus tot cofoi.

—Sí —confirma la mare—. La senyora Tafaneres ha tret les escombraries després de sopar i la porta del carrer no ha quedat ben tancada. En Rudi s'ha **escapat** i ella no se n'ha adonat.

—Però jo sí que ho he vist! —proclama en Pitus—. L'he fet venir amb un **entrepà d'embotit**. Llavors l'he agafat abans que pogués sortir al carrer.

La mare li acaricia el cap.

—Has fet molt ben fet, **tresor** —el felicita la mare, i explica a la Tina—: Com a agraïment, la senyora Tafaneres ens ha convidat a un got de llimonada. Espero que no hagis hagut d'esperar massa estona.

—Cap problema —respon la Tina—. Havia de fer coses al club de ponis. Avui he cuidat el poni **més bonic i amorós** de la quadra. És un shetland que abans era molt tossut. Però ara en Tofi es deixa posar la sella i tot.

La mare abraça els dos fills i diu:

—Estic molt **orgullosa** de vosaltres perquè sabeu tractar molt bé els animals.

—Sí —somriu la Tina—. Avui els menuts hem fet coses grans!

Un truc màgicament deliciós per a tots els amics dels ponis

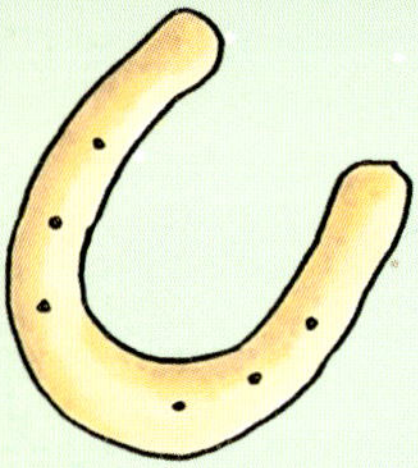

Ferradures casolanes

- 150 g de sucre
- 175 g de mantega freda
- 350 g de farina
- 1 sobre de sucre de vainilla
- 1 ou
- 1 pessic de sal
- paper per cuinar al forn

Primer prepara tots els ingredients.

Després talla la mantega freda a daus petits i barrejala amb els altres ingredients fins a obtenir-ne una massa uniforme. Embolica la bola de massa amb paper de plàstic transparent i deixa-la reposar una hora a la nevera.

Cobreix una safata de forn amb el paper i escalfa el forn a 200 graus (si és de convecció, a 180 graus).

Després, ves agafant de la massa trossets de la mida d'una pilota de tenis, cargola'ls com si fessis salsitxetes i posa'ls sobre el paper donant-los la forma d'una ferradura. Amb compte, aplana les ferradures.

Marca-hi rodonetes amb una palleta o fes-hi foradets amb un escuradents. Això seran els claus de les ferradures.

Quan en tinguis una safata plena, fica-la al forn (compte, que és calent! Demana a un adult que t'hi ajudi) i cou les ferradures a una altura mitjana durant 10 o 12 minuts, fins que rossegin.

Un cop fredes, pots decorar les ferradures amb crema de xocolata o sucre glacejat, panses o fideus de colors.

Són genials per a una festa d'aniversari o un berenar especial!

Hola!

Aquest que veus a la foto soc jo. Em dic KNISTER, i soc l'autor de les aventures de la Tina Superbruixa.

Com que sempre m'ha agradat el vostre món, el dels nois i les noies com tu, he escrit una pila de llibres i cançons i també obres de teatre per a vosaltres.

M'encanta presentar programes de lectura a la tele, la ràdio, les biblioteques, els teatres i les llibreries del meu país (que, per cert, és Alemanya), i també m'ho passo molt bé quan treballo per a nois i noies que són discapacitats psíquics, o dislèctics, o cecs..., tots de la mateixa edat que tu.

Però el millor de tot és quan vosaltres participeu amb mi en les coses que faig, llegint els meus llibres i compartint les aventures dels personatges protagonistes.

En aquesta ocasió, he volgut presentar-vos la Tina Superbruixa. Com que és una bruixa supersecreta, em va costar bastant que m'expliqués els seus trucs de màgia, però al final ho vaig aconseguir. Encara que..., no sé per què, però tinc la sensació que la Tina Superbruixa no m'ha explicat tots els seus supersecrets... i potser encara li queden uns quants encanteris guardats a la màniga!

www.KNISTER.com

Índex

Truc deliciós

Darreres novetats de la Tina Superbruixa

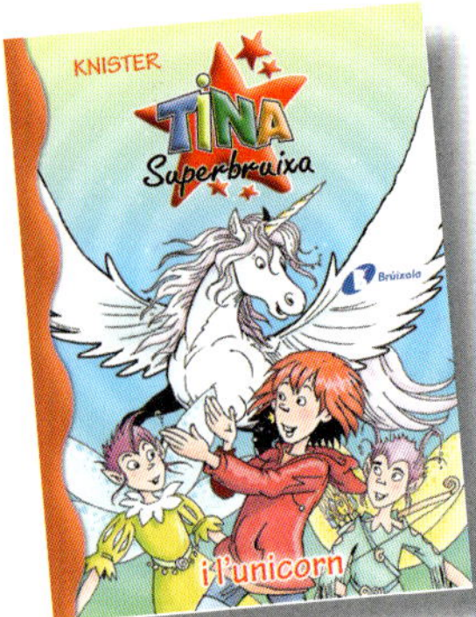

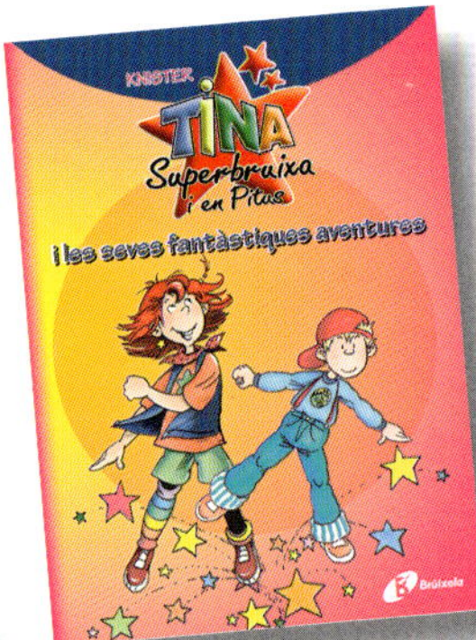